W0073277

GUTE NACHT, LOTTE!

ULBRICHT–WITZE

EULENSPIEGEL

WALTER ULBRICHT ...

Hermann Axen geht spazieren und kommt am Lenin-Denkmal vorbei. Da hört er jemanden stöhnen. Verwundert schaut er Lenin an und hört ihn sagen: »Alle haben ein Pferd, nur ich muss stehen. Besorg mir ein Pferd!«
Hermann rennt zu Walter und erzählt ihm davon. Beide gehen zum Denkmal. Als Lenin Walter sieht, sagt er: »Hermann, du solltest mir ein Pferd bringen und keine Ziege!«

Die Leuna-Werke tragen den Ehrennamen »Walter Ulbricht«. Auf einer Festveranstaltung hält er eine Rede. »Das Werk gehört im Sozialismus dem Volk, also euch, dir und mir! So sind wir jetzt alle Fabrikbesitzer, arbeiten nicht mehr für die kapitalistischen Ausbeuter, sondern für uns selbst, ja!«
Am nächsten Morgen ertönt im Arbeiterzug zur Frühschicht die Durchsage: »Nächste Haltestelle Spitzbarthausen! Alle Fabrikbesitzer aussteigen!«

Während einer Rede sieht Ulbricht in der ersten Reihe eine alte Frau mit Tränen in den Augen. »Mütterchen«, fragt er nach seinem Auftritt, »warum haben Sie denn so geweint?«
»Ach«, sagt die Frau schon wieder schluchzend, »wenn ich Sie sehe, muss ich immer an meine arme Ziege denken, die mir die Russen weggenommen haben.«

Oma Elsbeth erwartet Besuch von Tante Margarete aus Hamburg. Sie will was auffahren für die Westverwandtschaft und geht in den Konsum.
»Ein Pfund Salami, bitte.«
»Ham wa nich.«
»Ein Kilo Apfelsinen, bitte!«
»Ham wa nich.«
»Eine geräucherte Forelle, vielleicht?«
»Ham wa nich.«
»Sagen Sie mal, warum haben Sie das alles nicht?«
»Da ist der Adenauer Schuld, der hat das Interzonenhandelsabkommen aufgekündigt.«
Darauf die Oma: »Wenn ich den treffe – dem reiße ich den Spitzbart ab.«

Wie heißt das blumenreichste Land der Erde? DDR. 17 Millionen Mauerblümchen und eine Bartnelke.

An ihren Bärten sollt ihr sie erkennen:
Barbarossa: Das Volk muss wachsen.
Kaiser Wilhelm: Das Volk zwirbeln.
Hitler: Das Volk kurz halten.
Ulbricht: Die Lage spitzt sich zu.
Honecker: Geht alles glatt.

Ulbricht in der Gemäldegalerie. »Herrlich, ja herrlich dieser van Gogh.«
»Nein, Genosse Ulbricht, das ist ein Rembrandt.«
»Ja, herrlich, ja, diese Bergzicke hier.«
»Genosse Ulbricht, das ist ein Spiegel.«

Walter Ulbricht will seine Frau mit Karten für die Oper überraschen, reiht sich in die Schlange an der Kasse ein und passt genau auf. Sein Vordermann verlangt zwei Karten für »Tristan und Isolde«. Ulbricht kommt an die Reihe: »Bitte zwei Karten für Walter und Lotte!«

Nach einer Besichtigung der Porzellanmanufaktur in Meißen soll Ulbricht sich als Dankeschön für seinen Besuch im Verkaufsraum etwas Schönes aussuchen.

»Die schöne rote Vase dort hinten, die hätte ich gern«, erklärt er.

»Aber wir haben doch viel schönere Stücke«, gibt der Direktor zu bedenken. »Nehmen Sie doch diesen Teller in Kobaltblau oder diese Obstschale mit Weinlaubmuster ...«

Ulbricht: »Nein, ich möchte die schöne rote Vase, die dort neben der Tür steht.«

Der Direktor zögert. Da raunt ihm der Betriebsparteisekretär ins Ohr: »Wenn der Genosse Ulbricht unbedingt will, dann gib ihm doch den Feuerlöscher.«

Walter Ulbricht besucht mit seinem Gefolge das Goethehaus in Weimar. Er wird feierlich begrüßt und durch die Gedenkstätte geführt. Ulbricht ist gelangweilt, schleicht unbemerkt in ein Nebenzimmer und setzt sich in einen bequemen Sessel. Als ein Museumswärter das bemerkt, versucht er Ulbricht stotternd beizubringen, dass sich niemand in Goethes Sessel setzen darf: »Verehrter Herr Staatsratsvorsitzender … in diesem Sessel hier … da hat vorher immer nur … das ist nämlich Goethes Sessel … da darf niemand …«

Darauf Ulbricht unwirsch: »Nu, ist doch kein Problem, wenn der Genosse wiederkommt, steh ich eben auf!«

Madame Ulbricht«, sagt die Hausangestellte. Lotte unterbricht: »Aber, wie redest du mich an?«

Die Hausangestellte korrigiert sich: »Genossin Ulbricht. Kann ich heute meinen freien Abend kriegen? Ich möchte in die Oper und mir ›Genossin Butterfly‹ ansehen.«

Ulbricht steht eines Abends im Schlafzimmer vor seiner Frau Lotte. Er kratzt sich verlegen am Kopf. »Irgendetwas wollte ich dir sagen …« Er zieht einen Zettel aus der Tasche. »Nu, da ist es ja: Gute Nacht, Lotte.«

Lotte zu Walter: »Wollen wir uns nicht den neuen Brockhaus zulegen?« Walter: »Na wenn du denkst, dass er in die Garage passt.«

Zu Hause sagt Walter Ulbricht zu Lotte: »Lotte, geh mal um den Tisch herum.« Lotte: »Was soll denn das?« Walter: »Nun mach mal. Und zieh dabei langsam deine Bluse aus.« Sie zieht die Bluse aus. »Und nun lass mal deinen Rock fallen.« So geht das immer weiter, bis Lotte entkleidet dasteht. Da sinniert Walter: »Lotte, ich kann einfach nicht verstehen, was die Kapitalisten an Striptease so toll finden.«

Lotte Ulbricht bestellt bei ihrer Schneiderin eine neue Bluse. Neben den üblichen Angaben über Maße, Farbe, Schnitt gibt sie auch an, dass diese neue Bluse »Bordellärmel« erhalten soll. Die Schneiderin ist ratlos und weiß nicht, was damit gemeint ist. Sie ruft bei Walter an und fragt nach.

Sagt dieser: »Ach, die drückt sich nur so vornehm aus, die meint natürlich Puffärmel!«

Walter und Lotte Ulbricht beobachten beim Spaziergang in der Nähe von Oberhof einen Bauern, der Pferdeäpfel von der Straße aufsammelt. »Nu, Genosse Bauer«, sagt Walter, »weswägen sammeln Se die?«

Der Bauer antwortet: »Das ist für die Erdbeern.«

Darauf Walter: »Siehste, Lotte, es muss nich immer Schlagsahne sein!«

Warum nimmt Walter Ulbricht Lotte immer mit auf Reisen?
Damit er sie zum Abschied nicht küssen muss.

Frau Grotewohl ruft Lotte Ulbricht an. »Du, Lotte, kommst du mit, wir gehen zu Figaros Hochzeit?«
»Ach nein, ich kenne die Leute doch gar nicht.«

Anfrage an den Sender Jerewan: »Was wäre eigentlich passiert, wenn statt Kennedy Ulbricht erschossen worden wäre?«
Antwort: »Eine etwas abwegige Frage. Aber eines ist gewiss: Onassis hätte die Witwe nicht geheiratet.«

Axen, Stoph und Ulbricht werden gefragt, was sie für die größte technische Errungenschaft halten.

Axen: »Das Auto. Unsere Menschen können sich bequem von einem Ort zum andern bewegen.«

Stoph: »Die Raumfahrt, sie eröffnet neue Horizonte.«

Schließlich Ulbricht: »Die Thermoskanne. Im Sommer füllt mir Lotte kalten Tee rein, und er bleibt schön kühl. Im Winter heißen Kaffee, und er bleibt den ganzen Tag lang heiß. Und nun die Frage: Woher weiß die Thermoskanne, wann Winter und wann Sommer ist?«

Die Queen empfängt eine DDR-Delegation zum 5-Uhr-Tee. Willi Stoph steckt sich blitzschnell ein goldenes Löffelchen in die Jackentasche. Als auch Ulbricht einen Löffel verschwinden lassen will, ertappt ihn die Königin. »Wärde Genossin Gwien«, meint er. »Guggen Se doch mal meinen Trick an. Ich schtegge ein Löffelchen in meine Tasche, und hole es beim Genossen Stoph wieder raus.«

Walter Ulbricht sitzt in der Kantine des Zentralkomitees und hat riesigen Hunger. »Genosse Ober, nu, was können Sie mir empfehlen?«
Der Ober: »Genosse Ulbricht, wunderbar wäre Kaviar, den haben wir ganz frisch hereinbekommen.«
Ulbricht: »Kaviar? Nu, was ist denn das?«
»Das sind Fischeier.«
Darauf Ulbricht: »Nu, da hauen Sie mir mal fünf in die Pfanne.«

B eim Gipfeltreffen des Warschauer Pakts in Moskau gibt es ein Festbankett mit Borschtsch. Nach dem Essen entweicht Chruschtschow ein Darmwind. Doch als er sich gerade entschuldigen will, springt der polnische Parteichef auf, nimmt das Malheur auf sich und bittet wortreich um Verzeihung.

Zehn Minuten später passiert Chruschtschow das gleiche Missgeschick, doch diesmal nimmt der tschechoslowakische Parteichef die Sache sofort auf sich.

Da erhebt sich Ulbricht und fordert: »Aber die nächsten beiden übernimmt die Deutsche Demokratische Republik.«

Wer ist der größte Feldherr der Weltgeschichte?

Walter Ulbricht. Er hat zwei Millionen Menschen in die Flucht geschlagen und 17 Millionen gefangen genommen.

Kennedy und Chruschtschow spielen mit Adenauer Skat. Nach einer Stunde ist Adenauer müde und möchte aufhören. Fragt Nikita: »Soll ich Ulbricht anrufen?«
Darauf Kennedy: »Niki, das hat keinen Zweck. Ulbricht reizt nur bis 13, dann mauert er.«

Maria Callas tritt in der Staatsoper auf. Walter Ulbricht ist begeistert, schüttelt ihr die Hand und sagt: »Sie haben sich um unser Land verdient gemacht. Gibt es einen Wunsch, den ich Ihnen erfüllten kann, Madame?«
»Ja, Herr Ulbricht«, antwortete die Callas. »Reißen Sie die Mauer nieder!«
Da droht Ulbricht schelmisch mit dem Zeigefinger und sagt: »Na, na, na, Madame … Sie wollen wohl mit mir allein sein.«

Wer ist der größte Chirurg der Welt?
Walter Ulbricht. Der hat das Herz Europas
zum Arsch der Welt gemacht!

Warum hat Walter Ulbricht die Autobahn
Berlin-Rostock nicht gebaut?
Weil er die Betonteile erst mal um Berlin
herum zum Trocknen aufgehängt hat.

Die Mauer steht schon ein paar Jahre, da fällt
Ulbricht eines Tages beim Spazierengehen auf,
dass der Putz bröckelt. Er ruft Willi Stoph an
und weist ihn auf das Problem hin. »Geht in Ord-
nung«, sagt der, »ich organisiere eine 500-köpfige
Maurerbrigade, die verputzen die Mauer frisch.«
Als Ulbricht einige Tage später wieder an der Mauer
vorbeikommt, sieht er dort einen einzigen Maurer
hantieren, der der Sand siebt, mischt, den Mörtel
zur Mauer karrt, ihn aufzieht und verreibt.
Wütend ruft er Willi Stoph an: »Sag mal, Genosse,
du wolltest 500 Maurer holen …!«
»Hab ich doch«, rechtfertigt sich Stoph.
»Ich hab aber nur einen gesehen!«
Darauf Stoph: »Die anderen haben sich alle
für den Außenputz gemeldet …«

Chruschtschow besucht Indien. Während eines Banketts will er den indischen Ministerpräsidenten zu einem Glas Wodka überreden. Der lehnt aus religiösen Gründen ab. Chruschtschow bietet eine Zuckerfabrik an. Der Inder bleibt konsequent. Nikita bietet zwei, schließlich drei Zuckerfabriken an. Der Inder trinkt ein Glas. Da lacht Nikita schallend. »Warum lachen Sie, wenn ich mich im Interesse meines Volkes über unsere religiösen Anschauungen hinwegsetze?«, fragt der Inder.

Darauf Chrutschow: »Ich lache nicht über Sie, ich stelle mir vor, was Ulbricht für ein Gesicht macht, wenn er erfährt, dass er jetzt drei Zuckerfabriken nach Indien liefern muss!«

Walter Ulbricht geht mit einem Regenschirm über den Berliner Marx-Engels-Platz. Es ist herrlicher Sonnenschein. Ein freundlicher Passant macht ihn darauf aufmerksam, dass es doch gar nicht regnet. Darauf erwidert Walter: »Nu, hier ja vielleicht nicht, aber in Moskau!«

Ulbricht steht an der Mole in Rostock und sieht beim Beladen der Schiffe zu. Er fragt die Matrosen: »Wo fahrt ihr hin?«

»Nach Kuba.«

»Was bringt ihr hin?«

»Maschinen und Fahrzeuge.«

»Womit kommt ihr zurück?«

»Mit Apfelsinen.«

Er fragt die Matrosen eines anderen Schiffes: »Wo fahrt ihr hin?«

»Nach Afrika.«

»Was bringt ihr hin?«

»Maschinen und Fahrzeuge.«

»Womit kommt ihr zurück?«

»Mit Bananen.«

Schließlich fragt er die Matrosen eines dritten Schiffes: »Wo fahrt ihr hin?«

»In die Sowjetunion.«

»Was bringt ihr hin?«

»Apfelsinen und Bananen.«

»Womit kommt ihr zurück?«

»Mit dem Zug.«

Ulbricht bekommt zu seinem Geburtstag von Chruschtschow einen Tschaika geschenkt.
Bei der Übergabe sagt Nikita: »Das ist ein besonderes Auto – Bies motora, ohne Motor.«
Verwundert fragt Walter: »Wieso ohne Motor? Das geht doch nicht!«
Chruschtschow antwortet: »Wozu brauchst du einen Motor, wenn es in der DDR doch nur abwärts geht?«
Daraufhin Walter: »Und wenn es dann doch wieder aufwärts geht?«
Nikita: »Dann sitzt du nicht mehr am Steuer.«

Wann sagte Lenin: »Lernen, lernen und nochmals lernen«?
Als er Walter Ulbrichts Schulzeugnis sah.

DEUTSCHE DEMOKRATISCHE REPUBLIK

ZEUGNISSE

Walter Ulbricht besucht ein Bergwerk. »Genosse Ulbricht, heute 40 Meter Gleis verlegt«, meldet ihm der Obersteiger. Sagt Ulbricht: »Nu, keine Aufregung, ihr werdet es schon wiederfinden.«

Walter Ulbricht besucht ein Heizkraftwerk. Der Betriebsleiter führt ihn und weist auf die großen Heizkessel. »Genosse Ulbricht«, sagt er, »wir können mit Stolz behaupten, dass wir die Anlage schon zwei Jahre ohne Kesselstein fahren!«
»Nu ja, Genosse«, sagt Walter und klopft ihm beruhigend auf die Schulter: »Kopf hoch, diesen Engpass werden wir auch noch überwinden!«

Das Oberste Gericht der DDR verurteilt einen Rentner zu zwei Jahren Haft, weil er an eine Mauer »Ulbricht ist dumm« geschrieben hat. »Das verstehe ich nicht«, meint der Mann in seinem letzten Wort. »Seinerzeit unter Wilhelm II. habe ich für den Spruch ›Der Kaiser ist dumm‹ wegen Majestätsbeleidigung nur ein Jahr bekommen.« Also erklärt der Richter: »Diesmal gibt es ein Jahr wegen Beleidigung und ein Jahr wegen Verrats von Staatsgeheimnissen.«

Lieber Gott, mach mich stumm,
dass ich nicht nach Bautzen kumm.
Lieber Gott, mach mich blind,
dass ich nicht den Westen find.
Lieber Gott, mach mich taub,
dass ich nicht dem RIAS glaub.
Lieber Gott, stumm, taub, blind
bin ich Walters liebstes Kind.

S tehen zwei am Tresen. Fragt der eine: »Kennst du den Unterschied zwischen Bier und Walter Ulbricht?«

»Ja«, sagt der, »Bier ist flüssig und Walter Ulbricht überflüssig.«

»Kennst du auch den Unterschied zwischen dir und dem Tresen?«

»Nein, den kenne ich nicht.«

»Dann sag ich ihn dir: Der Tresen bleibt stehen, und du kommst mit.«

Nach zwei Jahren treffen sich beide wieder. Fragt wieder der eine: »Kennst du den Unterschied zwischen einem Schwein und Walter Ulbricht?« Der andere, klug geworden, sagt: »Ich kenne keine Unterschiede mehr!«

D er Fahrdienstleiter des Leipziger Hauptbahnhofs ist verhaftet worden. Er hat bei der Ankunft von Walter Ulbrichts Sonderzug gerufen: »Zurücktreten! Bitte sofort zurücktreten!«

Frau Schulze klagt Frau Lehmann ihr Leid. »Stell dir vor, meinen Mann haben Sie gestern bei der Mai-Demonstration verhaftet.«
»Warum denn das?«
»Er wollte Walter Ulbricht Blumen zuwerfen.«
»Und deshalb haben sie ihn verhaftet?«
»Nun ja, der Blumentopf war noch dran.«

In einem Gefängnis sind die Häftlinge zum Appell angetreten.
»Mal herhören«, sagt der Wärter. »Morgen kommt unser Genosse Staatsratsvorsitzender Walter Ulbricht.«
»Siehst du«, flüstert ein Häftling dem anderen zu, »ich habe immer gesagt, dass es mit dem kein gutes Ende nimmt.«

Zehn kleine Negerlein, die saßen einst beim Wein;
das eine ahmte Ulbricht nach, da warn es nur noch neun.

Neun kleine Negerlein, die habn sich was gedacht;
das eine hat zu laut gedacht, da warn es nur noch acht.

Acht kleine Negerlein, die haben was geschrieben;
bei einem ist es rausgekommen, da warn es nur noch sieben.

Sieben kleine Negerlein, die fragte man: »Wie schmeckts?«
Das eine sagte: »Schweinefraß!« Da warn es nur noch sechs.

Sechs kleine Negerlein, die haben laut geschimpft;
das eine hat man abgeholt, da warn es nur noch fünf.

Fünf kleine Negerlein, die saßen am Klavier;
das eine spielte Musical, da warn es nur noch vier.

Vier kleine Negerlein verhöhnten die Partei;
das eine griff der SSD, da warn es nur noch drei.

Drei kleine Negerlein, die hörten Radio;
das eine stellte RIAS ein, da warn es nur noch
zwo.

Zwei kleine Negerlein, die glaubten, es hört sie
keiner;
das eine hat nen Witz erzählt, da war es nur noch
einer.

Ein kleines Negerlein ließ diese Verse sehn;
da sperrt man es in Bautzen ein, und nun – sind
es wieder zehn!

Ulbricht fährt im Auto über Land. Plötzlich steht quer über der Landstraße ein Ochse, der nicht weicht, so sehr der Fahrer auch hupt. Schließlich steigt der Fahrer aus, geht zu dem Ochsen und flüstert ihm was ins Ohr. Der Ochse nimmt reißaus. Als der Mann wieder einsteigt, fragt ihn Ulbricht, was er gemacht habe, dass der Ochse prompt den Weg freigab. »Ach, es war ganz einfach«, sagt der Fahrer. »Ich habe gesagt, wenn du jetzt nicht abhaust, musst du in die LPG.«

Lotte und Walter schauen spät am Abend aus dem Fenster. »Sieh mal«, sagt Lotte, »was der Mond für einen großen Hof hat!« »Schon notiert«, sagt Walter, »mache ich eine LPG draus.«

Walter Ulbricht besucht LPG-Bauern. Es wird darüber diskutiert, ob beim Anbau künftig Früh- oder Spätkartoffeln der Vorzug gegeben werden soll. Die Diskussion zusammenfassend, sagt Ulbricht: »Liebe Genossinnen und Genossen, nu, wir brauchen weder früh Kartoffeln noch spät abends Kartoffeln, sondern in erster Linie welche mittags auf dem Tisch!«

Der Weizen steht aber sehr gut«, lobt Walter beim Besuch einer LPG.
»Genosse Staatsratsvorsitzender, das ist Hafer«, sagt der LPG-Vorsitzende.
»Nu ja, Hackfrucht bleibt Hackfrucht.«

Walter Ulbricht besucht eine LPG. Die Presse-
leute haben ein paar Fotos gemacht, die
Ulbricht inmitten einer Herde Schweine
zeigen. In der Redaktion entsteht ein Streit über
den Text der Bildunterschrift. Der erste Redakteur
schlägt vor: »Ulbricht unter Schweinen.« Der
zweite Redakteur: »Das geht nicht. Besser ist:
»Ulbricht inmitten von Schweinen.« Darauf der
dritte Redakteur: »Nicht doch, ich schlage vor:
Vierter von links: Walter Ulbricht.«

Unterhalten sich Kennedy, Chruschtschow und Ulbricht. »Bei uns«, erzählt der US-Präsident, »verdient ein Arbeiter 800 Dollar. 500 braucht er zum Leben, was er mit dem Rest macht, ist seine Sache.«
Chruschtschow erklärt: »Bei uns verdient ein Arbeiter 600 Rubel. 500 braucht er zum Leben, was er mit dem Rest macht, ist seine Sache.«
»Bei uns«, so berichtet Ulbricht, »braucht ein Arbeiter 800 Mark zum Leben, 600 verdient er, und wo er den Rest hernimmt, ist seine Sache.«

Ein Flugzeug mit Chruschtschow, Ulbricht, Nixon und Brandt an Bord stürzt ab – aber es gibt nur drei Fallschirme. »Ich bin die wichtigste Persönlichkeit des sozialistischen Weltlagers«, erklärt Chruschtschow, greift sich einen Schirm und springt. »Her mit einem Schirm«, fordert auch Ulbricht, »17 Millionen DDR-Bürger wären untröstlich, wenn ich ums Leben käme.« Nach Ulbrichts Sprung sagt Nixon zu Brandt: »Jetzt müssen wir entscheiden, wer von uns beiden den letzten Fallschirm bekommt, Willy.« – »Wir haben doch noch zwei«, erklärt Brandt. »Der Ulbricht hat gar nicht gemerkt, dass ich ihm einen Campingbeutel umgehängt habe.«

US-Präsident Johnson, Breshnew und Ulbricht essen Abendbrot in einem Schweizer Hotel. Johnson bestellt beim Kellner eine Wurstplatte. »Sehr wohl«, sagt der Kellner, »ich erlaube mir aber zu bemerken, in der Schweiz sagt man Wurstplättli.«

Breshnew bestellt anschließend eine Schinkenplatte. Der Kellner bemerkt höflich, dass es in der Schweiz Schinkenplättli heißt.

Ulbricht will klug sein und bestellt ein Käseplättli. »Tut mir leid«, sagt der Kellner, »das Neue Deutschland führen wir nicht.«

Ulbricht und Mao Tse-tung unterhalten sich. »Wie viele Feinde haben Sie in der Volksrepublik China?«, fragt Ulbricht. »Es werden so etwa siebzehn Millionen sein.« »Ja, das ist ungefähr so wie bei uns.«

K ennedy, Adenauer und Ulbricht werden in der Wüste von Beduinen gehetzt. Nach einiger Zeit wirft Adenauer einen Zettel weg. Die Beduinen heben den Zettel auf, lesen ihn und laufen weiter. Atemlos fragt Kennedy Adenauer: »Was stand auf dem Zettel?«

Darauf Adenauer: »Wenn ihr die Verfolgung aufgebt, bekommt Ihr eine Million Entwicklungshilfe.«

Auch Kennedy schreibt einen Zettel. Inhalt: »Wenn ihr stehen bleibt, bekommt Ihr 5 Millionen.«

Achselzucken bei den Beduinen. Die Beduinen kommen in bedrohliche Nähe, da schreibt Ulbricht einen Zettel. Die Beduinen lesen ihn, bleiben stehen und sind in Sekunden wie vom Erdboden verschwunden. Adenauer und Kennedy sehen ihn fragend an. Da sagt Ulbricht: »Auf meinem Zettel stand: Wenn ihr so weiterlauft, dann seid ihr in 5 Minuten in der DDR.«

U lbricht soll bei seiner Ägyptenreise in den Nil gefallen sein!«

»Wieso?«

»Weil alle riefen: Nasser Ulbricht – Nasser Ulbricht!«

Ulbricht fährt mit dem Auto über Land. Sein Chauffeur überfährt ein Huhn. Um den Bauern zu beruhigen, steigt Ulbricht aus, geht in das Haus und kommt nach fünf Minuten mit einem blauen Auge zurück. Im nächsten Dorf überfährt der Chauffeur einen Hund. Diesmal schickt Ulbricht den Chauffeur in das Haus, um sich für den Vorfall zu entschuldigen. Nach einer Weile kommt der Chauffeur mit einem Korb voller Eier, Schinken und Würste zum Auto zurück. Auf Ulbrichts verwunderte Frage, wie er zu diesen Geschenken gekommen sei, antwortet er: »Ich habe nur gesagt, ich bin der Fahrer von Ulbricht und habe den Hund totgefahren.«

Ein Flugzeug stürzt ab, an Bord befanden sich Breshnew, Husák, Kádár und Gomulka. Wo ist die Trauer am größten?
In der DDR.
Warum?
Weil Ulbricht nicht dabei war.

Ein Pfarrer hat einen Papagei, dem er den Satz beigebracht hat: »Ulbricht, dich soll der Teufel holen.«
Der Papagei plappert und plappert, bis ihn eines Tages ein Stasimann hört. Der Pfarrer und sein Papagei werden festgenommen und vor Gericht gestellt.
Der Richter will die Worte vom Papagei selbst hören, aber der bleibt stumm. Dem Richter wird es zu dumm, er spricht dem Vogel gut zu: »Nun sag's endlich, sag: Ulbricht, dich soll der Teufel holen.«
Darauf der Papagei: »Der Herr sei gnädig und erhöre dein Gebet.«

Die Kinder sollen Blumen in die Schule mitbringen, um das Bild von Ulbricht zu schmücken. Der kleine Fritz stellt nur ein Büschel Gras unters Foto und erklärt dem Lehrer: »Meine Oma hat gesagt: ›Wenn der ins Gras beißt, geht es uns allen besser.‹«

Walter Ulbricht und Otto Grotewohl fahren zusammen durch die Straßen und müssen feststellen, wie wenig spontaner Jubel ihnen entgegenschallt. »Wenn ich Zigaretten unter die Menge werfe, dann würden mir alle Raucher zujubeln«, meint Ulbricht. »Wenn ich Nylon-strümpfe hinauswerfe, dann würden mir alle Frauen zujubeln«, sagt Grotewohl. Da knurrt der Chauffeur: »Wenn ich jetzt euch beide aus dem Wagen werfe, dann würde mir das ganze Volk zujubeln.«

Die Lehrerin fragt, was ein Trauerfall ist. Der erste Schüler: »Wenn ich mein Portemonnaie verliere!«
»Nein«, sagt die Lehrerin. »Das nennt man einen Verlust.«
Der zweite Schüler: »Wenn der Sturm das Dach unseres Hauses beschädigt.«
»Auch nicht richtig, das nennt man einen Scha-den.«
Fritzchen meldet sich: »Ein Trauerfall ist, wenn Walter Ulbricht stirbt.«
»Jawohl, richtig«, sagt die Lehrerin, »das ist ein Trauerfall und kein Verlust und kein Schaden.«

Der Lehrer den Schülern: »Hört mal Kinder, nächste Woche besucht uns der Genosse Walter Ulbricht, wer kann denn zur Begrüßung ein Gedicht aufsagen?«

Meldet sich Fritzchen:

»Unsere Katze hat Junge bekommen,
sechse an der Zahl,
fünf sind Kommunisten,
eins ist noch neutral.«

»Prima«, lobt der Lehrer, »das sagst du dann auf.«

Eine Woche später, Walter Ulbricht trifft in der Schule ein. »Na Kinder, wer kann mir denn ein Gedicht aufsagen?«

»Fritzchen, der kann ein ganz tolles, Genosse Ulbricht«, sagt der Lehrer.

Fritzchen:

»Unsere Katze hat Junge bekomme,
sechse an der Zahl,
fünf sind jetzt im Westen,
eins ist nicht normal.«

Der Lehrer völlig entsetzt: »Aber Fritzchen, wie kann denn so was passieren? Letzte Woche ging das Gedicht ja noch ganz anders.«

»Ja, Herr Lehrer, letzte Woche waren die Katzen ja auch noch blind.«

Es lebe der Fernsehturm mit Walter Ulbricht an der Spitze!

Der Lehrer zum Kind, es soll mit »Freundschaft« grüßen. Der Vater sagt, es soll »Guten Tag« sagen. Das Kind schreibt an Walter Ulbricht, um das Problem zu klären. Der antwortet: »Solange ich in der DDR etwas zu sagen habe, wird es keinen guten Tag geben.«

Frage: Welches ist der wichtigste Buchstabe des Alphabets?
Antwort: Im Prinzip sind alle wichtig, aber unersetzbar ist das »W«, denn sonst hieße es »Arschauer Pakt«, »Affenbrüderschaft« und »Alter Ulbricht«.

Walter Ulbricht besucht mit einer Delegation eine Irrenanstalt. Als sie eintreffen, ist die ganze Anstalt versammelt und begrüßt die Parteimitglieder mit den Worten: »Wir grüßen unseren großen Staatsmann Walter Ulbricht und seine Delegation.« Nur der Rechtsaußen schweigt. Als er daraufhin zur Rede gestellt wird, antwortet er: »Ich bin ja auch kein Irrer, ich bin der Wärter.«

Warum kleben die Ulbricht-Briefmarken immer so schlecht?
Die Leute spucken auf die falsche Seite.

Ein Mann sitzt im Lokal. »Ober, einen Kaffee, bitte.«

»Tut mir leid, momentan ist kein Kaffee da.«

»Was, kein Kaffee? Alles wegen dem einen … einen Tee dann bitte.«

»Leider ist auch kein Tee da.«

»Auch kein Tee? Sauerei! Alles wegen dem einen!«

Darauf steht ein Mann am Nebentisch auf, schlägt das Revers seines Mantels zurück: »Staatssicherheit, kommen Sie bitte mit!«

Beim anschließenden Verhör mit dem Stasi-Mann: »Das sind ja starke Äußerungen. Wen meinen Sie denn mit dem einen?«

»Wen soll ich schon meinen? Den Adenauer natürlich, der hat doch das Interzonenhandelsabkommen gekündigt!«

»Ach so, hm, hm, Adenauer. Gut, wir haben keine Fragen mehr. Sie können gehen.«

Der Mann steht auf, geht zur Tür, dreht sich noch einmal um und fragt: »Ach, an wen hatten Sie eigentlich gedacht?«

Walter Ulbricht hält ein Referat. »Genossen, der Klassenfeind behauptet, es gibt keine Butter bei uns, nu, das ist eine Lüge. Und das Papier zum Einwickeln, nu, das werden wir auch bald haben.«

Ein Mann am Fahrkartenschalter: »Bitte, ich hätte gern eine Fahrkarte nach Kürze!«
»Wohin?«
»Nach Kürze.«
»Diesen Ort gibt es nicht in der DDR.«
»Muss es aber geben! Walter Ulbricht hat in seiner letzten Rede gesagt, in Kürze sei alles besser. Und da will ich hin.«

Ulbricht geht mit einer Delegation an einem Schaufenster vorbei und liest: Hose sechs Mark, Jacke acht Mark, Kostüm zehn Mark.
»Da seht ihr die Erfolge der sozialistischen Preispolitik im Handel«, erklärt Walter stolz.
»Aber Genosse Ulbricht«, raunt ihm ein Begleiter zu, »das ist eine Reinigung.«

Walter Ulbricht hält eine Rede zum Volkswirt-
schaftsplan: »In fünf Jahren wird jeder
Bürger der DDR eine Waschmaschine
besitzen!«
Ein Zwischenrufer aus der letzten Reihe: »Und
was ist mit Klopapier?«
Ulbricht weiter: »In weiteren fünf Jahren wird
jeder Bürger der DDR einen Fernseher sein Eigen
nennen.«
»Und was ist mit Klopapier?«
Ulbricht inzwischen genervt: »In weiteren fünf
Jahren wird jeder Bürger der DDR ein Auto
haben!«
»Und was ist mit dem Klopapier?«
Ulbricht reißt der Geduldsfaden: »Ach, leck mich
doch am Arsch!«
»Das ist eine Einzellösung! Was ist mit der Allge-
meinheit?«

Und sind die Straßen auch hulprig –
wir wählen Walter Ulbricht!

Ulbricht ist mit Lotte im Auto unterwegs. Ein Wagen mit dem Kennzeichen »GB« überholt sie.

»Tüchtig, tüchtig«, sagt Ulbricht, »unsere Griminalbolizei ist wieder unterwegs.«

»Nein«, sagt der Fahrer, »das sind die Genossen aus Bulgarien.«

»Bei bulgarischen Genossen steht immer BG dran, hier steht aber GB.«

»Vielleicht ›Gambodscha‹?«, meint der Fahrer.

Da meldet sich Lotte: »Aber nicht doch, das heißt: Gönigreich Bolen.«

Was steht im Jahr 2050 im Lexikon unter »Ulbricht, Walter«?

Sächsischer Mundartsprecher zu Zeiten des großen Mao.

Walter nimmt am XX. Parteitag der KPdSU teil und verfolgt angespannt Chruschtschows Rede, in der er mit dem Stalinismus abrechnet. In der Mittagspause sucht Walter Erholung auf einer Parkbank und schläft ein. Plötzlich brüllt er im Traum: »Nieder mit Chruschtschow, schmeißt ihn raus, hängt ihn auf …«

Ein Mann neben ihm auf der Parkbank weckt ihn und fragt, ob er denn verrückt geworden sei. »Ach«, meint Walter, »ich habe nur geträumt, ich wäre schon auf dem XXI. Parteitag.«

Walter Ulbricht hat sich bei seinem Aufenthalt in Moskau einen neuen Anzug gekauft. Zu Hause will er ihn stolz Lotte vorführen. Aber die Ärmel sind zu kurz, die Jacke spannt, die Hosenbeine enden über den Knöcheln. Daraufhin Lotte: »Hab ich dir nicht gesagt, du sollst dich in Moskau nicht immer ein paar Nummern kleiner machen!«

Walter und seine Frau Lotte fahren mit dem Zug nach Moskau. Lotte ist ungeduldig und fragt, ob man nicht bald ankomme. Walter hält die Hand zum Fenster raus und verneint. Nach einer Stunde fragt Lotte wieder. Walter hält die Hand zum Fenster hinaus und verneint. Nach weiteren Stunden fragt Lotte erneut. Walter hält die Hand raus: »Ja, jetzt sind wir gleich da.« Lotte möchte wissen, wieso er immer die Hand rausgehalten habe.

Darauf Walter: »Beim ersten Mal hat man mir die Hand geküsst; da wusste ich, wir sind in der DDR. Beim zweiten Mal hat man drauf gespuckt, da wusste ich, wir sind in Polen, und beim dritten Mal hat man mir die Uhr geklaut, da wusste ich, jetzt sind wir in der Sowjetunion.«

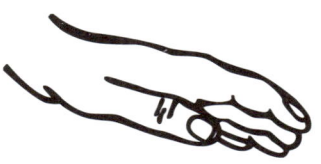

Walter Ulbricht, seines Postens als Parteichef schon enthoben, reist noch einmal nach Moskau und besucht Kossygin. Im Gespräch fragt er ihn: »Sag mal, Genosse Kossygin, wo ist eigentlich das Grab vom Genossen Chruschtschow?«

Antwortet Kossygin: »Chruschtschow, Chruschtschow – kenne ich nicht!«

Wenig später ist Ulbricht bei Podgorny. »Sag mal, Genosse Podgorny, wo ist eigentlich das Grab vom Genossen Chruschtschow?«

»Chruschtschow, Chruschtschow – kenne ich nicht.«

Ulbricht will zu Breshnew. Der wird von Podgorny telefonisch gewarnt: Der Ulbricht wird dich nach dem Grab von Chruschtschow fragen. Breshnew ruft daraufhin in Berlin bei Honecker an. »Hör mal, Genosse Honecker, hier ist der Ulbricht und fragt alle nach dem Grab von Chruschtschow. Was soll denn das!?«

Daraufhin Honecker: »Wer? Ulbricht, Ulbricht – kenne ich nicht.«

Gipfeltreffen des Warschauer Pakts in Moskau. Der polnische Parteichef nimmt eine Reißzwecke von seinem Stuhl und setzt sich. Sein ungarischer Kollege nimmt ebenfalls eine Reißzwecke vom Stuhl und setzt sich. Ulbricht setzt sich auf die Reißzwecke und erklärt: »Die sowjetischen Genossen, werden sich schon etwas dabei gedacht haben.«

Walter Ulbricht ist in Moskau zu Besuch und hält sich im Kreml auf. Während er auf Breshnew wartet, beobachtet er einen kleinen glatzköpfigen Kerl, der an der Heizung hantiert. »Kennen wir uns nicht?«, fragt er. »Klar, ich bin doch Nikita Chruschtschow.« »Was machst du denn hier als Schlosser?« »Ich bin froh, dass ich den Posten bekommen habe.« »Mensch, du warst mal der erste Mann im Staat. Das geht doch nicht. Ich spreche mal mit Leonid.« Chruschtschow: »Walter, sei vorsichtig, der braucht auch noch einen Tischler.«

Walter und Lotte Ulbricht machen Urlaub in Schierke. Sie gehen in die Dorfgaststätte und nehmen Platz. Nach einer Weile kommt der Wirt. »Die Herrschaften wünschen?«
Walter Ulbricht wundert sich: »Kennen Sie mich denn nicht?«
Der Wirt schaut, überlegt und sagt schließlich: »Tut mir leid, im Augenblick wüsste ich nicht …«
»Na aber Bürger, ich bin doch oft im Fernsehen!«
Auf einmal erhellt sich die Miene des Wirts, und er ruft in die Küche: »Mutter, komm mal her! Der Millowitsch ist hier!«

Lotte und Walter Ulbricht sind in der Sommerfrische. Am FKK-Strand von Ahrenshoop werden sie angestarrt. Das ist Walter peinlich. Er deckt seine Blöße mit dem Hut. Lotte: »Nicht dahin, Walter, vors Gesicht!«

Ulbricht fliegt mit seiner Frau in den Bulgarienurlaub. Lotte schaut aus dem Fenster und fragt: »Walter, wo sind denn nun die Karpaten?«
»Woher soll ich das wissen«, meint Walter, »du hast schließlich die Koffer gepackt.«

Lotte und Walter wollen Urlaub in Paris machen. Um inkognito zu bleiben, verkleiden sie sich. Als der Zug in den Bahnhof einrollt, geht der Gepäckträger an ihrem Abteil vorbei und ruft: »Bagage! Bagage!«

»Siehst du«, sagt Ulbricht, »da hast du's. Schon haben sie uns erkannt.«

Walter und Lotte laden einen Koffer ins Auto, ein Nachbar spricht sie an: »Ach, Sie verreisen wohl?«

»Nun, nu«, sagt Ulbricht, »meene Lotte und ich réaumurn nach Leepzsch.«

Schaut der Nachbar verdutzt.

Sagt Lotte: »Ach, der Walter verwechselt immer Réaumur und Fahrenheit.«

Walter Ulbricht hält eine Rede im Radio.
»Nu – nu – nu …«
»Mit dem letzen Ton des Staatsratsvorsit-
zenden war es 13 Uhr!«

Walter Ulbricht spricht vor Genossen der
Parteihochschule. »Genossen, der Fort-
schritt ist nicht aufzuhalten. Schon be-
herrscht der Sozialismus ein Fünftel der Erde, bald
wird es ein Sechstel sein, und ich sage euch, auch
ein Siebtel und Achtel werden wird noch erle-
ben!«

Auf einer Parteikonferenz erläutert Ulbricht die
schwierige Lage in der Versorgung und endet
mit den Worten: »Aus diesem Grund, Genossen, den Gürtel enger schnallen.«
Da meldet sich ein Genosse: »Und wo gibt's
Gürtel, Genosse Ulbricht?«

Walter Ulbricht soll anlässlich der Eröffnung eines Kindergartens eine Rede halten, hat aber sein Manuskript vergessen. Sein persönlicher Referent flüstert ihm ins Ohr. »Liebe Kinder …«

Ulbricht: »Liebe Kinder! Wir haben euch viele schöne Sachen mitgebracht …«

Sein Referent flüstert ihm zu: »Puppen und Teddybären …«

Ulbricht: »Puppen und Teddybären!«

Geflüstert: »Autos und Baukästen …«

Ulbricht: »Autos und Baukästen!«

Geflüstert: »Bälle …«

Ulbricht schaut ihn verwundert an. Der Referent wiederholt noch einmal: »Bälle!«

Ulbricht: »Wau, wau, wau.«

Walter Ulbricht spricht vor Wissenschaftlern. »Genossen, die Amerikaner sind zum Mond geflogen, wir aber werden zur Sonne fliegen«, erklärt er.

»Aber dort ist es sehr heiß«, gibt einer der Wissenschaftler zu bedenken.

»Macht nichts«, meint Ulbricht, »wir fliegen nachts.«

Walter beschließt seine Rede mit den Worten: »Genossen, gestern standen wir vor dem Abgrund, heute sind wir einen Schritt weiter …«

Was ist ein ULB?
Die Energie, die benötigt wird, um vom Sessel aufzustehen und den Fernseher auszumachen, wenn Walter Ulbricht eine Rede hält.

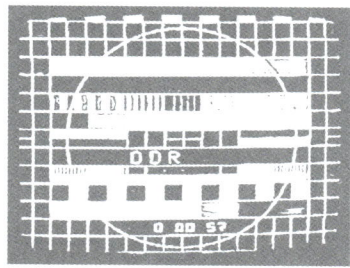

Walter Ulbricht verabschiedet 1968 die DDR-Olympia-Delegation am Flughafen Schönefeld: »Und so wünschen wir euch große Erfolge bei den Olympischen Spielen in Mexiko! O-O-O! O-O!!«
Beugt sich Lotte zu: »Walter, die olympischen Ringe nicht mit vorlesen …«

Walter Ulbricht auf der Frühjahrssitzung des Zentralkomitees: »Genossen, ich kann euch die erfreuliche Mitteilung machen, dass aber 1. Mai der Lebensstandard der DDR-Bevölkerung um 50 Prozent steigen wird.«
»Um fünfzig Prozent, wirklich?«
»Ja, bis jetzt hatten wir unter Kälte und Versorgungsschwierigkeiten zu leiden, vom Mai an nur noch unter Versorgungsschwierigkeiten.«

Ulbricht beobachtet, wie vorm Staatsratsgebäude ein Loch für einen Fahnenmast gegraben wird. Der Mast wird aufgestellt, das Loch zugeschüttet, und logischerweise bleibt etwas Erde über. Daraufhin graben die Arbeiter ein neues Loch und schaufeln die Erde rein, aber natürlich bleibt wieder etwas Erde über. Da öffnet Ulbricht das Fenster und ruft: »Nu, Genossen, ihr müsst tiefer graben!«

Walter Ulbricht will in das Staatsratsgebäude, da bemerkt er einen kleinen Jungen, der vor der Tür steht. Ulbricht spricht ihn an: »Na, wa machst du denn hier, mein Kleiner?« »Ich warte auf meine Oma, die macht in diesem großen Haus sauber.«
Ulbricht: »Fein. Weißt du, ich arbeite nämlich auch in diesem Gebäude.«
Der Junge: »Na, Onkel, da kommst du wohl auch so schlecht mit deiner Rente hin.«

Ulbricht hört Streit auf der Straße, öffnet sein Fenster und beschwert sich über den Lärm. »Dieser Bürger hier«, ruft ein Volkspolizist hoch, »will vor dem Staatsratsgebäude sein Fahrrad abstellen. Dabei kommt nachher eine sowjetische Delegation.«
»Nu«, meint Ulbricht, »dann muss er es eben anschließen.«

Ein altes Mütterchen geht am Posten vorbei, der vor dem Staatsratsgebäude steht, da hört sie es mehrfach donnern. »Was war das denn?«, fragt sie den Soldaten.
»Walter Ulbricht wird 75, da schießen sie Salut«, erklärt der Posten.
»Was machen die?«
»Sie schießen Salut.«
»Ach, und da haben sie wohl beim ersten Mal nicht getroffen.«

I m Staatsratsgebäude soll eine Toilettenfrau eingestellt werden. Zwei Bewerberinnen melden sich. Die erste geht ins Büro. Man zeigt ihr ein Dreieck. »Was bedeutet dieses Zeichen?«

»Das heißt: Männer.«

»Richtig. Und das?« Man zeigt einen Kreis.

»Das heißt Frauen.«

»Sehr gut. Und wenn eines Tages Genosse Ulbricht zu Ihnen kommt, was machen Sie dann?«

»Ich sage: Guten Tag, Genosse Staatsratsvorsitzender!«

»Hervorragend. Das genügt uns. Nun schicken Sie uns bitte die andere Bewerberin herein.«

Als die Frau herauskommt, fragt die andere: »Na, wie war es denn?«

»Ach, ganz einfach: Zwei Fachfragen, eine Marxismus-Leninismus.«

Unterhalten sich zwei Freunde. »Du«, sagt der eine, »kennst du den Unterschied zwischen einem Handwerker und Walter Ulbricht?« Kopfschütteln.
»Ist doch ganz einfach: Der eine kommt nicht, und der andere geht nicht.«

Weltfestspiele in Berlin, 1973. Das ZK telefoniert mit Petrus und bittet um gutes Wetter. Petrus sagt ab. Also bitten die Genossen beim Teufel. Der sagt: »Einverstanden, ich garantiere schönes Wetter, und ihr sorgt dafür, dass ich Walter bekomme.«

Mit Walter Ulbricht geht es zu Ende. Er liegt im Krankenhaus unter einem Sauerstoffzelt. Als Erich Honecker ihn besucht, kann er nur noch röcheln, gibt aber Zeichen, dass er etwas aufschreiben möchte. Honecker gibt ihm einen Zettel, Walter schreibt etwas darauf und reicht ihn Honecker: »Erich, nimm den Fuß vom Schlauch.«

Lotte Ulbricht ruft nach dem Ableben ihres Gatten wieder und wieder bei Petrus an und fragt, ob Walter endlich angekommen ist. Irgendwann reicht es Petrus. »Walter hat die Himmelfahrt abgeschafft, und zu Fuß dauert es eben länger.«

Nachdem Ulbricht gestorben ist, gehen Nasser, Kennedy und Napoleon zu Petrus und bitten ihn, den Neuankömmling freundlich und würdig zu empfangen. Petrus fragt, weshalb ausgerechnet diese drei den Mann derart schätzen.

Nasser: »Mit Ulbrichts Armee hätte ich den Sechstagekrieg nicht verloren.«

Kennedy: »Mit Ulbrichts Sicherheitsapparat an der Seite wäre ich nicht erschossen worden.«

Napoleon: »Hätte ich Ulbrichts ›Neues Deutschland‹ gehabt, wäre nie herausgekommen, dass ich die Schlacht von Waterloo verloren habe.«

Ulbricht kommt in den Himmel. Petrus: »Na, Walter, wohin soll ich dich schicken, in den Osthimmel oder in den Westhimmel?«
Ulbricht: »Mein ganzes Leben war ich Kommunist, und ich will auch nach meinem Tode meiner Überzeugung treu bleiben – also: Osthimmel.«
Petrus: »Gut, Walter. Aber zum Mittagessen kommst du rüber in den Westhimmel, denn für eine Person kochen wir nicht extra!«

Irgendwann schickt Petrus Ulbricht in die Hölle. Teufel: »Na, Walter, wohin soll ich dich schicken, in die Osthölle oder in die Westhölle?«
Ulbricht denkt an seine Himmels-Erfahrung und sagt: »Ich möchte in die Westhölle.«
Da ruft eine Stimme aus dem Hintergrund: »Bist du verrückt? In der Osthölle ist es viel besser – einmal haben sie keinen Koks, ein andermal kein Öl, dann keine Streichhölzer, und die Folterwerkzeuge sind stumpf …«

Ein Pfarrer ist wegen seiner ketzerischen Reden gegen die Obrigkeit ins Visier der Staatssicherheit geraten. Ein Stasimann geht in seine Predigt, kann aber nichts feststellen, ganz im Gegenteil, der Pfarrer ermahnt zur Nächstenliebe in der sozialistischen Menschengemeinschaft. Also durchsucht der Stasi-Mann die Kirche. Auf der Kanzel liegt die Bibel. Als er sie durchblättert, findet er darin Zettel, auf denen steht: »Willi Stoph – Gott erhalte ihn!« Ein anderer: »Erich Mielke – Gott erhalte ihn!« … und immer so weiter, bis er am Ende der Bibel einen Zettel findet: »Walter Ulbricht – Gott hat ihn erhalten!«

Die Nachfolge Ulbrichts beschäftigt die Gemüter.
Aussichtsreicher Vorschlag: Willi Schwabe. Er ist der einzige, der sich in der Rumpelkammer auskennt.

Honecker bekommt eines Tages die Möglichkeit, mit Ulbricht, der inzwischen im Politikerhimmel ist, ein Telefonat zu führen. Sie reden über dies und jenes, und am Ende fragt Honecker, ob er etwas für Ulbricht tun könne. Dieser sagt: »Wenn der nächste Politiker stirbt, dann gib ihm doch bitte ein Essbesteck für mich mit.«
Honecker fragt verwundert: »Wieso das denn? Esst ihr dort oben mit den Händen?«
»Das nicht. Aber wenn die Adenauer-Clique Tischdienst hat, muss ich immer mit Hammer und Sichel essen.«

Worin unterschieden sich Pieck, Ulbricht und Honecker?

In ihrer Genügsamkeit. Wilhelm Pieck wollte den Sozialismus noch für die ganze DDR. Walter Ulbricht beschränkte sich auf Berlin. Honecker setzte ihn wenigstens in Wandlitz durch.

Ulbricht hinterlässt Honecker vier Briefe für Notlagen. Die Not lässt nicht lange auf sich warten.

Honecker öffnet den ersten Brief: »Richte Delikat-Läden ein!«

Honecker befolgt den Rat, aber bald drängt die Not, den zweiten Brief zu öffnen: »Richte Exquisit-Läden ein!«

Honecker befolgt den Rat, doch die Not drängt, den dritten Brief zu öffnen: »Richte Intershops ein!«

Auch dieser Rat wird befolgt, doch Erich muss alsbald den vierten Brief öffnen. Er liest: »Lieber Erich, jetzt bist du dran, Briefe zu schreiben!«

ISBN 978-3-359-02385-2

© 2013 Eulenspiegel Verlag, Berlin
Umschlaggestaltung: Verlag, unter Verwendung eines Motivs
von Arno Funke
Druck und Bindung: Pario Print

Ein Verlagsverzeichnis schicken wir Ihnen gern:
Eulenspiegel · Das Neue Berlin Verlagsgesellschaft mbH & Co. KG
Neue Grünstr. 18, 10179 Berlin
Tel. 01805 / 30 99 99 (0,14 € / Min., Mobil max. 0,42€ / Min.)

Die Bücher des Eulenspiegel Verlags erscheinen
in der Eulenspiegel Verlagsgruppe.

www.eulenspiegel-verlagsgruppe.de